AF119113

BEI GRIN MACHT SICH IHR WISSEN BEZAHLT

- Wir veröffentlichen Ihre Hausarbeit, Bachelor- und Masterarbeit

- Ihr eigenes eBook und Buch - weltweit in allen wichtigen Shops

- Verdienen Sie an jedem Verkauf

Jetzt bei www.GRIN.com hochladen und kostenlos publizieren

Bibliografische Information der Deutschen Nationalbibliothek:

Die Deutsche Bibliothek verzeichnet diese Publikation in der Deutschen National-
bibliografie; detaillierte bibliografische Daten sind im Internet über http://dnb.d-
nb.de/ abrufbar.

Impressum:

Copyright © 2012 GRIN Verlag, Open Publishing GmbH
Druck und Bindung: Books on Demand GmbH, Norderstedt Germany
ISBN: 978-3-656-53545-4

Dieses Buch bei GRIN:

http://www.grin.com/de/e-book/264134/grundlagen-und-entwicklung-der-d-o-
versicherung-wie-vertrag-und-schutz

Birgit Zwack

Grundlagen und Entwicklung der D&O-Versicherung. Wie Vertrag und Schutz zustande kommen

GRIN Verlag

GRIN - Your knowledge has value

Der GRIN Verlag publiziert seit 1998 wissenschaftliche Arbeiten von Studenten, Hochschullehrern und anderen Akademikern als eBook und gedrucktes Buch. Die Verlagswebsite www.grin.com ist die ideale Plattform zur Veröffentlichung von Hausarbeiten, Abschlussarbeiten, wissenschaftlichen Aufsätzen, Dissertationen und Fachbüchern.

Besuchen Sie uns im Internet:

http://www.grin.com/

http://www.facebook.com/grincom

http://www.twitter.com/grin_com

Berufsbegleitender Studiengang zum

Bachelor of Arts

(Business Administration)

Sommersemester 2012

5. Semester

Große Seminararbeit im Schwerpunktfach "Controlling"

D- & O- VERSICHERUNG

Autor: Birgit Zwack

Abgabetermin: 31.08.2012

Inhaltsverzeichnis

Abkürzungsverzeichnis

AG	Aktiengesellschaft
AHB	Allgemeine Versicherungsbedingungen für die Haftpflichtversicherung
AktG	Aktiengesetz
AVB-AVG	Allgemeine Versicherungsbedingungen für die Vermögensschaden-Haftpflichtversicherung von Aufsichtsräten, Vorständen und Geschäftsführern
BayernLB	Bayerische Landesbank
BGB	Bürgerliches Gesetzbuch
D&O-Versicherung	directors` and officers` liability insurance
GmbH	Gesellschaft mit beschränkter Haftung
GDV	Gesamtverband der Deutschen Versicherungswirtschaft
HGAA	Hypo Group Alpe Adria
VVG	Versicherungsvertragsgesetz

Abbildungsverzeichnis

1 Einleitung

Im Jahr 2007 beschlossen Vorstand und Verwaltungsrat der BayernLB - die zweitgrößte Landesband in Deutschland mit Sitz in München - die österreichische Bank Hypo Group Alpe Adria (HGAA) zu kaufen. Der Kauf der maroden HGAA war jedoch ein Misserfolg und endete mit 3,7 Milliarden Euro Verlust für den Steuerzahler. Die Manager sollen Bedenken gegen den Kauf der HGAA-Anteile bewusst übersehen, Verfahrensregeln missachtet und Risiken ignoriert haben. Ende 2009 musste die BayernLB die marode HGAA für einen symbolischen Euro an Österreich verkaufen, wo diese dann verstaatlicht wurde. Unter den finanziellen Belastungen kam es nur durch Milliardenhilfen nicht zu einem Zusammenbruch der BayernLB. Die BayernLB hat deshalb im Sommer 2011 acht ehemalige Vorstandsmitglieder (u.a. Werner Schmidt und den früheren Risikovorstand Gerhard Gribkowsky) auf Schadensersatz verklagt, im Zivilverfahren werden 200 Millionen Euro von den Managern gefordert. Die Vermögensschaden-Haftpflicht-Versicherung (D&O-Versicherung = directors` and officers` liability insurance) beim Versicherungsinstitut XL Insurance Company wird davon 105 Millionen Euro übernehmen. Seit 19.06.2012 läuft der Prozess um die Schadensersatzforderungen gegen die früheren Bank-Manager.[1] Gerhard Gribkowsky wurde am 27.06.2012 zu 8,5 Jahren Haft wegen Bestechlichkeit, Untreue und Steuerhinterziehung verurteilt. [2]

Vor diesem problematischen Hintergrund eines erhöhten Risikos der persönlichen Haftung gewinnt die D&O-Versicherung immer größere Bedeutung. Durch einen entsprechenden Versicherungsschutz soll verhindert werden, dass die Gesellschaft aufgrund nicht ausreichender Haftungsmasse der Führungskräfte die entstandenen Schäden selbst tragen muss.[3]
Außerdem soll durch die Absicherung vermieden werden, dass Manager aus Angst vor Konsequenzen für ihr persönliches Vermögen zögern, Entscheidungen zu treffen. Der Versicherungsschutz soll gewährleisten, dass sich die Organmitglieder vollständig auf ihre Aufgabenbereiche konzentrieren. Dadurch soll die unternehmerische Handlungsfreiheit verbessert werden.[4]

---

[1] Vgl. http://www.welt.de/regionales/muenchen/article106632337/BayernLB-zerrt-die-Ex-Chefs-vors-Gericht.html, Stand 30.06.2012.
[2] Vgl. Höpner, A. (2012), S. 55.
[3] Vgl. Olbrich, C. (2007), S. 1f.
[4] Vgl. Ingwersen, M. (2011), S. 31.

Ziel dieser Arbeit ist es, durch die eingehende Recherche spezifischer Fachliteratur einen Überblick über die D&O-Versicherung und deren Entwicklung zu gewinnen. Es soll ersichtlich werden, auf Basis welcher Rechtsgrundlagen ein Versicherungsvertrag zustande kommt und unter welchen Umständen Versicherungsschutz gewährt wird. Außerdem sollen die Gründe für eine erhöhte Nachfrage nach D&O-Versicherungen aufgezeigt werden.

Die vorliegende Arbeit gliedert sich einschließlich der Einleitung in vier Kapitel. Sie klärt zuerst grundlegende Fragen und Merkmale der D&O-Versicherung, stellt anschließend die Entwicklung der D&O-Versicherung in Deutschland mit den Gründen für eine erhöhte Nachfrage dar und bietet als Abschluss eine Zusammenfassung und einen Ausblick in die Zukunft.

2 Grundlagen der D&O-Versicherung

2.1 Rechtsgrundlagen

Abgesehen von § 93 Abs. 2 Satz 3 AktG ist die D&O-Versicherung in Deutschland nicht gesetzlich geregelt. Deshalb müssen allgemeine gesetzliche Regelungen (v.a. die Vorschriften des VVG sowie des BGB) und die Vereinbarungen des konkreten Versicherungsvertrages herangezogen werden. [5]

2.1.1 Versicherungsvertragsgesetz (VVG)

Die Regelungen zur Haftpflichtversicherung befinden sich in den §§ 100-124 VVG. Für die D&O-Versicherung gelten dabei aufgrund der Freiwilligkeit nur die §§ 100-112 VVG. Zusätzlich sind auch die §§ 1-73 VVG (allgemeiner Teil) sowie die §§ 74-87 VVG (allgemeiner Teil zur Schadenversicherung) ebenso von Bedeutung wie einzelne Vorschriften der §§ 209-215 VVG (Schlussvorschriften). Von besonderer Relevanz sind auch die §§ 43 ff. VVG zur Versicherung für fremde Rechnung. [6]

2.1.2 Bürgerliches Gesetzbuch (BGB)

Im BGB müssen v.a. die §§ 305-310 über die Gestaltung rechtsgeschäftlicher Schuldverhältnisse durch Allgemeine Geschäftsbedingungen beachtet werden. Die Allgemeinen Versicherungsbedingungen einer D&O-Versicherung sind normalerweise vorformulierte Vertragsbedingungen im Sinne des § 305 Abs. 1 Satz 1 BGB. Hierzu müssen auch die Regelungen des § 307 BGB zur Inhaltskontrolle Allgemeiner Geschäftsbedingungen berücksichtigt werden. [7]

2.1.3 Aktien- und Steuerrecht

Die D&O-Versicherung wird im § 92 Abs. 2 Satz 3 AktG geregelt. Diese Regelung schreibt die Vereinbarung eines Selbstbehalts und die Mindesthöhe beim Abschluss einer

---

[5] Vgl. Krieger, G. u.a. (2010), S. 413.
[6] Vgl. Krieger, G. u.a. (2010), S. 413.
[7] Vgl. Krieger, G. u.a. (2010), S. 413f.

D&O-Versicherung für Vorstandsmitglieder einer AG vor. [8]

2.1.4 Versicherungsvertrag

Bei den versicherungsvertraglichen Grundlagen der D&O-Versicherung muss differenziert werden zwischen der Versicherungspolice, den dort zum Gegenstand des Versicherungsvertrages gemachten Allgemeinen Versicherungsbedingungen, den besonderen Bedingungen und den später ausgestellten Nachträgen zum Versicherungsschein. 1997 wurde durch den Gesamtverband der Deutschen Versicherungswirtschaft e.v. (GDV) unverbindliche Musterbedingungen – die Allgemeinen Versicherungsbedingungen für die Vermögensschaden-Haftpflichtversicherung von Aufsichtsräten, Vorständen und Geschäftsführern (AVB-AVG) – herausgegeben. 2008 hat der GDV eine Neufassung veröffentlicht. Diese Musterbedingungen werden insbesondere als Referenzbedingungen verwendet, um die D&O-Versicherung genauer zu erläutern. Zusätzlich stammen mehrere Klauseln in D&O-Versicherungen aus den Bedingungswerken zu Vermögensschaden-Haftpflichtversicherungen oder aus den Allgemeinen Versicherungsbedingungen für die Haftpflichtversicherung (AHB). Bei den AHB werden jedoch nicht Vermögensschäden wie in der D&O-Versicherung, sondern Personen- und Sachschäden abgesichert. [9]

2.2 Versicherungsnehmer und versicherte Personen

Die D&O-Versicherung ist eine Versicherung für fremde Rechnung, da sie von Unternehmen als Versicherungsnehmer für seine Organe als versicherte Personen abgeschlossen wird. Das Unternehmen hat somit die volle Verfügungsmacht über den Versicherungsvertrag, d.h. Änderungen oder Beendigungen sind nur durch das Unternehmen und nicht durch die versicherten Personen möglich. Zu den versicherten Personen zählen alle früheren, gegenwärtigen oder zukünftigen Organmitglieder der Versicherungsnehmerin, somit deren Vorstände, Geschäftsführer, Aufsichtsrats- und Beiratsmitglieder. Bei personellen Wechseln sind die neuen Organmitglieder automatisch mitversichert. Zusätzlich fallen unter den Versicherungsschutz auch die Organmitglieder

---

[8] Vgl. Krieger, G. u.a. (2010), S. 414.
[9] Vgl. Krieger, G. u.a. (2010), S. 415f.

sämtlicher Tochterunternehmen sowie leitende Angestellte (bis zur Höhe der für sie arbeitsrechtlich geltenden Haftungsbeschränkungen). [10] Nicht allen versicherten Personen wird der Abschluss einer D&O-Versicherung mitgeteilt, damit die versicherten Personen nicht zu sorglos bei der Ausübung ihrer Tätigkeiten umgehen. Durch den steigenden Bekanntheitsgrad verlangen jedoch die versicherten Personen schon bei der Einstellung eine entsprechende Risikoabdeckung. [11] Um den passenden Versicherungsschutz zu finden, haben Versicherungsmakler als Vermittler zwischen Versicherungsnehmer und Versicherer eine große Bedeutung. Vor einem Vertragsabschluss müssen die genauen Inhalte der unterschiedlichen Versicherungsunternehmen miteinander verglichen werden. Es sollte bei gleicher Versicherungssumme und ähnlichen Bedingungen nicht nur der Prämie eine hohe Bedeutung zugemessen werden, sondern es müssen auch der Schadenservice der einzelnen Versicherer sowie die Erfahrungen mit Schadensregulierungen berücksichtigt werden. Außerdem spielen noch Klarheit, Transparenz und Kontinuität des Bedingungswerkes eine wichtige Rolle bei der Auswahl eines geeigneten Versicherungsschutzes. [12]

2.3 Gegenstand der Versicherung und Deckungsumfang

Der Gegenstand der D&O-Versicherung kann anhand von Ziffer 1.1 der unverbindlichen GDV-Musterbedingungen aus dem Jahr 2008 beschrieben werden: Die D&O-Versicherung leistet, wenn eine versicherte Person wegen einer bei Ausübung ihrer Tätigkeit begangenen Pflichtverletzung aufgrund gesetzlicher Haftpflichtbestimmungen wegen eines Vermögensschadens von Dritten in Anspruch genommen wird. Bei Vermögensschäden handelt es sich um Schäden, die weder Personen- (z.B. Tötung, Körperverletzung) noch Sachschäden (z.B. Beschädigung) sind. Dabei ist es nicht relevant, wer der Geschädigte ist, der die Ansprüche geltend macht - z.B. das Unternehmen selbst (Innenhaftung = Deckung von Schadensersatzansprüchen des eigenen Unternehmens gegen ihre Organe) oder Dritte (Außenhaftung, z.B. Anteilseigner, Lieferanten, Kunden, Wettbewerber) - oder wo und vor welchen Gerichten die Ansprüche geltend gemacht werden (z.B. Anlegerklage vor amerikanischem Gericht). [13] Die

---

[10] Vgl. Thümmel, R. (2008), S. 212.
[11] Vgl. Kalweit, R. u.a. (2008), S. 164.
[12] Vgl. Krieger, G. u.a. (2010), S. 436.
[13] Vgl. Thümmel, R. (2008), S. 213f.

Thematik zum Außen- und Innanhaftungsanspruch wird auch in Abbildung 1 veranschaulicht.

Die D&O-Versicherung beinhaltet zwei Komponenten: Die Rechtsschutz- und die Abwehrfunktion. Bei der Rechtsschutzfunktion erfolgt die Prüfung der Haftungsfrage durch den Versicherer, die Abwehrfunktion verpflichtet zur Verteidigung unberechtigter Ansprüche. Außerdem kommt es zur Befriedigung begründeter Schadensersatzansprüche, wenn Haftung und Schaden festgestellt wurden. Der Versicherer leistet die Zahlung im Rahmen der vereinbarten Versicherungssumme. [14]

Der Abschluss der D&O-Versicherung ist freiwillig. Ein besonderes Merkmal ist das „Dreiecksverhältnis" zwischen der Gesellschaft, den Organmitgliedern und dem D&O-Versicherer. Die Gesellschaft schließt als Versicherungsnehmerin für ihre Organmitglieder als versicherte Personen bei einem D&O-Versicherer einen Vertrag ab. Der Versicherungsvertrag besteht zwischen der Gesellschaft und dem Versicherer, begünstigt werden jedoch nur die Organmitglieder. Diese haben gegenüber dem Versicherer einen Anspruch auf Deckung, nur nach Freistellung der Organmitglieder besteht der Deckungsanspruch zwischen der Gesellschaft und dem Versicherer (company reimbursement).[15] Diese Konstellation wird in der folgenden Abbildung deutlich:

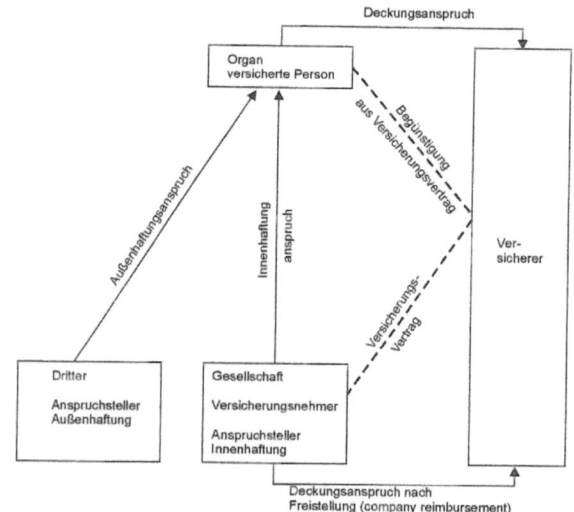

Abbildung 1: Struktur der D&O-Versicherung[16]

---

[14] Vgl. Kalweit, R. u.a. (2008), S. 165.
[15] Vgl. Damken, N. (2006), S. 138f.
[16] Entnommen aus Thümmel, R. (2008), S. 213.

2.4 Versicherungsfall

Als Versicherungsfall gilt die erstmalige schriftliche Geltendmachung eines Haftpflichtanspruchs gegen eine versicherte Person während der Dauer des Versicherungsvertrages. Die Grundlage ist das Claims-made-Prinzip (Anspruchserhebungsprinzip): Für den Eintritt des Versicherungsfalls ist nicht der Zeitpunkt, zu dem die Pflichtverletzung begangen wurde, bedeutend, sondern der Zeitpunkt, zu dem ein hieraus resultierender Schadensersatzanspruch erhoben wird. Für einen Deckungsanspruch muss der Zeitpunkt der Geltendmachung innerhalb der Versicherungsperiode liegen.[17]

Daraus wird deutlich, dass zur Vermeidung der nach dem Anspruchserhebungsprinzip entstehenden Deckungslücken bei vorvertraglichen Pflichtverletzungen und nachvertraglichen Anspruchserhebungen berücksichtigt werden muss, eine Rückwärtsversicherung sowie Nachhaftungsfristen gegen Prämienaufschläge extra zu vereinbaren.

Beim Normalfall liegen sowohl der Verstoß, der eine Schadensersatzpflicht zur Folge hat, als auch die Geltendmachung des Schadens innerhalb der Versicherungsperiode:

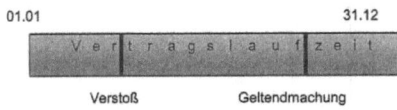

Abbildung 2: Normalfall[18]

Bei der Vereinbarung einer Rückwärtsversicherung muss nur die Geltendmachung des Schadens innerhalb der Versicherungsperiode stattgefunden haben:

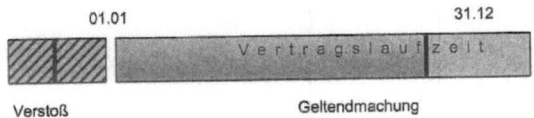

Abbildung 3: Rückwärtsversicherung[19]

---

[17] Vgl. Thümmel, R. (2008), S. 214f.
[18] Entnommen aus Kalweit, R. u.a. (2008), S. 167.
[19] Entnommen aus Kalweit, R. u.a. (2008), S. 168.

Wird eine Nachhaftungsfrist vereinbart, muss der Verstoß innerhalb der Versicherungsperiode liegen, die Geltendmachung kann auch nach dem Ende der Laufzeit erfolgen: [20]

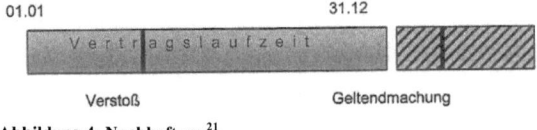

Abbildung 4: Nachhaftung[21]

2.5 Versicherungsprämie

Die Leistung der Prämienzahlung erfolgt durch das Unternehmen als Versicherungsnehmer. Die Prämienzahlung richtet sich nicht nach individuellen Merkmalen der Organmitglieder, sondern es werden die Betriebsdaten des Unternehmens zugrunde gelegt, da der Unternehmenswert abgesichert wird. Es stehen die eigenbetrieblichen Interessen des Unternehmens im Vordergrund, die Versicherung der Organmitglieder erfolgt als Ganzes. [22]

2008 betrug das Prämienaufkommen in Deutschland Schätzungen zufolge ca. 300 Mio. Euro, in den angloamerikanischen Märkten zum Vergleich 4 bis 5 Mrd. US-Dollar. Als Faustregel für die Prämie werden 5.000 Euro pro 1 Mio. Versicherungssumme angesetzt – mit steigender Tendenz.[23]

Eine Möglichkeit, das Prämienaufkommen zu reduzieren, besteht in der Vereinbarung eines Selbstbehaltes. Einen angemessenen Selbstbehalt fordert auch der Corporate Governance Kodex. Man geht bei der Vereinbarung des Selbstbehaltes von einem Jahresgehalt der versicherten Person aus.[24]

Durch den Selbstbehalt soll auch eine missbräuchliche Inanspruchnahme der Deckung vermieden werden und die Präventionswirkung erhöht werden. In der Praxis wird häufig kein oder nur ein geringer Selbstbehalt vereinbart.[25]

---

[20] Vgl. Kalweit, R. u.a. (2008), S. 167f.
[21] Entnommen aus Kalweit, R. u.a. (2008), S. 168.
[22] Vgl. Thümmel, R. (2008), S. 216.
[23] Vgl. Kalweit, R. u.a. (2008), S. 163.
[24] Vgl. Kalweit, R. u.a. (2008), S. 169.
[25] Vgl. Semler, J. (2009), S. 860.

2.6 Inanspruchnahme der Deckung

Nur die versicherten Personen können die Rechte der D&O-Versicherung in Anspruch nehmen. Aufgrund des versicherungsrechtlichen Trennungsprinzips hat der Geschädigte keinen Direktanspruch gegen den Versicherer. Insbesondere bei Innenhaftungsansprüchen bestehen Missbrauchsgefahren bei Inanspruchnahme der Deckung: Es wird z.b. ein tatsächlich nicht eingetroffener Versicherungsfall vorgetäuscht. Dieses Risiko kann durch einen vollständigen Ausschluss oder durch eine Beschränkung des Innenhaftungsrisikos begrenzt werden. Außerdem kann durch eine genaue Auswahl der Unternehmen, die den Abschluss einer D&O-Versicherung wünschen, das Risiko einer erhöhten Inanspruchnahme des Deckungsschutzes vermindert werden.[26]
Dabei wird insbesondere die Bilanz- und Vermögenslage der Unternehmen überprüft, zur Risikobeurteilung benötigt der Versicherer mindestens drei Bilanzen. Aus der Bilanzsumme muss sich schließen lassen, dass das Unternehmen auf lange Sicht entwicklungsfähig und gesund bleibt. Wichtig für die Zeichnung des Versicherungsschutzes sind auch die vergangenen Schadenverläufe. Diese müssen vollständig und wahrheitsgemäß in den Anträgen angeben werden, da es bei Falschangaben zu Leistungsausschlüssen kommen kann. Kleine Unternehmen und Branchen mit höheren Verlustrisiken, z.B. die Bau- und Finanzdienstleistungsbranche oder High-Technology-Unternehmen, sind schwerer oder häufig nur mit Prämienzuschlägen oder Ausschlüssen versicherbar.[27]

2.7 Ausschlüsse

Vom Versicherungsschutz ausgeschlossen sind vorsätzliche oder wissentliche Pflichtverletzungen. Vorsatz wird auch angenommen, wenn eine Annahme des Versicherungsschutzes auf falsche Zahlen im Jahresabschluss beruht oder formale Verstöße vorliegen. Die Beweislast für den Vorsatz des Organmitgliedes trägt der Versicherer. Außerdem wird für folgende Tatbestände kein Versicherungsschutz gewährt: Produkt- und Umwelthaftung, Insider- und Wettbewerbsverstöße, Vertragsstrafen usw. [28]

---

[26] Vgl. Thümmel, R. (2008), S. 216ff.
[27] Vgl. Kalweit, R. u.a. (2008), S. 165f.
[28] Vgl. Thümmel, R. (2008), S. 218.

3 Entwicklung der D&O-Versicherung am deutschen Markt

3.1 Zunahme von Angebot und Nachfrage

Die D&O-Versicherung hat ihren Ursprung in Deutschland im Jahr 1986. Zwei amerikanische Versicherungsunternehmen brachten dabei das Deckungskonzept über ihre deutschen Niederlassungen auf dem Markt. Vom damaligen Bundesaufsichtsamt für Versicherungswesen (BAV) musste erst die Zulässigkeit in Deutschland untersucht werden. Anfangs erzeugte die D&O-Versicherung noch keine Aufmerksamkeit, die Situation änderte sich erst, als sich im Jahr 1995 die Einstellung wandelte. Die D&O-Versicherung wurde als Einstiegsprodukt für andere Versicherungen betrachtet. Zusätzlich war es gängige Praxis, dass die Versicherungsbedingungen mit Vorstand und Aufsichtsrat besprochen wurden. Dadurch hatte man Kontakt mit der Unternehmensleitung und konnte auch andere Versicherungsprodukte anbieten. Im Jahr 2008 gab es ca. 20 Anbieter für D&O-Versicherungen. [29]

Seit dem Entstehen des ersten Deckungskonzepts der D&O-Versicherung im Jahr 1986 hat die Nachfrage nach Vermögensschaden-Haftpflichtversicherungen für Unternehmensleiter ab dem Ende der neunziger Jahre stark zugenommen. Dadurch hat sich auch das Angebot entsprechend erhöht. Innerhalb weniger Jahre kam es zu einer Marktdurchdringung. Bei den mittelständischen Unternehmen hat sich die Nachfrage langsamer erhöht als bei Großunternehmen. Für einen Versicherungsschutz interessieren sich dabei nicht nur Organvertreter von AGs und GmbHs, sondern auch Vertreter von anderen juristischen Personen, wie Genossenschaften, Stiftungen und Vereine. Die positive Entwicklung der D&O-Versicherung ist darauf zurückzuführen, dass Organmitglieder einem gestiegenen Haftungs- und Inanspruchnahmerisiko aufgrund verschärfter gesetzlicher Rahmenbedingungen und Rechtsprechung ausgesetzt sind. Außerdem wünschen Führungskräfte bei Übernahme einer Leitungs- oder Überwachungsfunktion einen möglichst umfangreichen Schutz ihres Privatvermögens. [30]

---

[29] Vgl. Kalweit, R. u.a. (2008), S. 163.
[30] Vgl. Olbrich, C. (2007), S. 5ff.

3.2 Erhöhtes Haftungsrisiko für Organmitglieder

3.2.1 Gewandelte Einstellung innerhalb der Unternehmen

Aufgrund einer gewandelten Einstellung innerhalb der Unternehmen kam es für die Organmitglieder zu einem erhöhten Risiko einer Inanspruchnahme. Früher wurde bei einer Pflichtverletzung das betroffene Vorstandsmitglied nicht wiederbestellt oder sogar vorzeitig abberufen. Die Unternehmen wollten nicht, dass der Konflikt in der Öffentlichkeit ausgetragen wird und dadurch das Unternehmensimage beeinträchtigt wird. Außerdem sollte dadurch vermieden werden, dass interne Unternehmensinformationen bei Gerichtsverfahren offen gelegt werden müssen. Man war der Meinung, Unternehmensleiter nicht mit ihrem persönlichen Vermögen haftbar zu machen. Diese Einstellung hat sich jedoch verändert. Heute sind auch die Nichtwiederberufung bzw. die vorzeitige Abberufung als Strafe üblich, jedoch wird dabei negativ betrachtet, dass den Vermögensinteressen der Gesellschaft zu wenig Bedeutung beigemessen wird. Zusätzlich hat sich auch die Aufmerksamkeit der Öffentlichkeit gegenüber einer persönlichen Haftung von Unternehmensorganen erhöht. Dadurch ist der Druck auf die Unternehmen, die Schadensverursacher haftbar zu machen, stark angestiegen. [31]

3.2.2 Neue Gesetzesänderungen und Rechtsprechung

Aufgrund von Gesetzesänderungen können Führungskräfte verstärkt in Anspruch genommen werden:
Zum 1. Mai 1998 ist das Gesetz zur Kontrolle und Transparenz im Unternehmensbereich (KonTraG) in Kraft getreten, welches vor allem die unternehmensinternen Verwaltungs- und Kontrollmechanismen durch zusätzliche Kontroll-, Prüfungs- und Informationspflichten der Organe verbessern soll. Ziel ist dabei, Risiken im Unternehmen früher zu erkennen, offenzulegen und zu begrenzen. Der Aufsichtsrat muss dabei neben dem Jahresabschluss, dem Lagebericht und dem Vorschlag des Vorstands für die Verwendung des Bilanzgewinns auch den Konzernabschluss und den Konzernlagebericht prüfen. Der Vorstand hat nach § 91 Abs. 2 AktG geeignete Maßnahmen zu treffen und ein Überwachungssystem einführen, damit Entwicklungen, die die Gesellschaft gefährden können, frühzeitig erkannt werden. Die Innenrevision und das Controlling sollen auf die

---

[31] Vgl. Damken, N. (2006), S. 152ff.; Olbrich, C. (2007), S. 10f.

Risikoerkennung und –begrenzung hin überprüft werden und eine genaue Dokumentation veranlassen. Auch der Aufsichtsrat soll das Controlling genauer beobachten. Der Vorstand muss erhöhten Berichtsanforderungen nachkommen, denn durch umfangreichere Informationen kann der Aufsichtsrat seine Überwachungsfunktion besser erfüllen. Die Kontrolle des Aufsichtsrats muss vorbeugend und somit auf die Zukunft orientiert sein, damit eine frühzeitige Risikoerkennung möglich ist und folglich einer negativen Geschäftsentwicklung baldmöglichst gegen gesteuert werden kann. Des Weiteren wird den Aktionären die Klageerhebung gegen die Organe einer AG erleichtert. Aktionäre können dadurch ihre persönliche Haftung gegenüber der Gesellschaft einfacher durchsetzen. Abschließend wird die Transparenz durch eine gestiegene Qualität und Effektivität der Abschlussprüfung verbessert. Es werden erhöhte Anforderungen an den Prüfungsinhalt und den Prüfungsbericht gestellt. Dadurch werden potentielle Fehler von Geschäftsleitung und Aufsichtsrat leichter erkennbar.[32]

Der Corporate Governance Kodex für börsennotierte AGs aus dem Jahr 2002 enthält Grundsätze zur Unternehmensführung in Form verschiedener Soll- und Kann-Vorschriften. Dadurch sollen die Kontrollbefugnisse des Aufsichtsrats über das Management weiter erhöht werden und mehr Transparenz zwischen Vorstand und Aufsichtsrat geschaffen werden. Vorstand und Aufsichtsrat müssen dabei jährlich erklären, ob sie dem freiwilligen Regelwerk zustimmen oder nicht. Sofern sie die Regeln nicht anerkennen, müssen sie dies begründen. [33]

Auch die Gerichte interessieren sich mehr für die D&O-Versicherung, da diese sich immer öfter mit der Haftungsproblematik auseinander setzen müssen. In vielen Urteilen wurden die genauen Pflichten der Unternehmensleiter und Aufsichtsräte dargestellt und deren Haftung verschärft.[34]

3.2.3 Globalisierung von Unternehmen und Einfluss aus dem Ausland

Unternehmen sind zunehmend international verbunden. Die internationale Expansion erfolgt durch den Aufbau eigener Niederlassungen im Ausland oder durch internationale Fusionen und Akquisitionen. Folglich kommt es für Unternehmensleiter zu einem erhöhten Haftungsrisiko, insbesondere dann, wenn das Unternehmen auch in den USA tätig ist. Aufgrund der amerikanischen Haftungsproblematik und der US-Rechtsprechung

---

[32] Vgl. Olbrich, C. (2007), S.11ff.
[33] Vgl. Damken, N. (2006), S. 158; Olbrich, C. (2007), S. 28f.
[34] Vgl. Olbrich, C. (2007), S. 29f.

sind internationale Deckungskonzepte erforderlich. Die rechtlichen Rahmendbedingungen und die Aufgabenschwerpunkte der Unternehmensleiter werden immer komplexer. Neben den deutschen müssen auch die ausländischen Vorschriften berücksichtigt werden. Zusätzlich werden bedeutende Entscheidungen unter großem Zeitdruck getroffen, so dass Fehlentscheidungen immer wahrscheinlicher werden. Außerdem kommt es in Deutschland zu einer Internationalisierung der Leitungsorgane. Für ausländische Manager ist das D&O-Deckungskonzept in ihren Heimatländern Standard und deshalb betrachten sie dieses auch in Deutschland als selbstverständlich.[35]

Für deutsche Unternehmensleiter im Ausland ist es bereits seit Längerem wahrscheinlich, persönlich in Haftung genommen zu werden. Im Vergleich zu Deutschland besteht dort eine große Differenziertheit. Es gibt sehr viele verschiedene Produktvarianten, eine hohe Schadenserfahrung sowie mehrere Spezialversicherer mit großen Fachkenntnissen. Durch die vielen Angebotsmöglichkeiten im Ausland erhöhte sich auch die inländische Nachfrage nach D&O-Versicherungen. Deutsche Führungskräfte, die im Ausland tätig waren, setzen die Absicherung aufgrund der positiven Erfahrungen voraus.[36]

3.2.4 Stärkere Betonung des Shareholder-Value

Durch den internationalen Wettbewerb um Kapital bekommt der Shareholder Value (Aktienkurs des Unternehmens) eine große Bedeutung. Das Management orientiert sich an die Dividenden- und Kurssteigerungen. Dies erfordert übersichtliche Organisationsstrukturen einschließlich funktionierender Controlling- und Informationssysteme. Seit dem Ende der 90er Jahre investieren die Deutschen ihr Geld immer mehr in Aktien. Deshalb ist der Aktienkurs auch bei Unternehmensentscheidungen eine wichtige Kennzahl. Zusätzlich steigen das Selbstbewusstsein und die Professionalität der Aktionäre. Bei enttäuschten Erwartungen sind die Anleger schneller bereit, die Vorstands- oder Aufsichtsratmitglieder wegen einer Pflichtverletzung persönlich haftbar zu machen.[37]

[35] Vgl. Damken, N. (2006), S. 152f.; Olbrich, C. (2007), S. 43f.
[36] Vgl. Olbrich, C. (2007), S. 46ff.; Thümmel, R. (2008), S. 209ff.
[37] Vgl. Damken, N. (2006), S. 152.; Olbrich, C. (2007), S. 44f.

4 Zusammenfassung und Ausblick in die Zukunft

Zusammenfassend kann festgestellt werden, dass die D&O-Versicherung für Unternehmensleiter ein wichtiges Instrument der Risikoabsicherung darstellt und dass Angebot und Nachfrage der D&O-Versicherung seit Jahren zugenommen haben. Diese Entwicklung ist zurückzuführen auf das erhöhte Haftungsrisiko für Organmitglieder und auf den Einfluss aus dem Ausland. Aufgrund des Konkurrenzdrucks wurden die Bedingungswerke an die Interessen der versicherten Personen und Versicherungsnehmer angepasst. Die Ausschlüsse wurden weitestgehend minimiert und der Versicherungsumfang weiter ausgebaut. Da es jedoch nur noch wenige Verbesserungsmöglichkeiten gibt und die Schäden weiter ansteigen werden, werden in der Zukunft Einschränkungen der Bedingungen erwartet. [38]

Für Versicherer sind D&O-Versicherungen ein problematisches Geschäft. Bei ca. 10% der Policen kommt es zu einem Schadensfall. Das jährliche Beitragsvolumen wird von Experten auf 600 bis 650 Millionen Euro geschätzt, welches jedoch schon bei zwei größeren Skandalen aufgebraucht sein kann. Die Preise für D&O-Policen sind im Jahr 2011 um rund 20% gestiegen, es werden auch weiterhin Preiserhöhungen erwartet. Seit der Finanzkrise werden aufgrund erhöhter Sorgfalt weniger Deckungen angeboten, der Versicherungskonzern AXA bietet z.B. für Finanzdienstleister keinen Versicherungsschutz mehr an. [39]

Aufgrund eines aktuellen Beschlusses des Bundesgerichtshofes vom 21. September 2011 verlieren Führungskräfte ihren Versicherungsschutz bei Pflichtverletzungen, da Versicherer einen Vertrag wegen arglistiger Täuschung im Nachhinein anfechten dürfen. Bisher hatten unbeteiligte Manager weiterhin Versicherungsschutz. Eine arglistige Täuschung liegt vor, wenn Firmen bei Antragstellung falsche Angaben machen oder bereits eingetretene Pflichtverletzungen und Rechtsstreitigkeiten verschweigen. Versicherer können dann den ganzen Vertrag anfechten, so dass für alle Manager kein Versicherungsschutz besteht, auch wenn nur einer Falschangaben gemacht hat. Es wird weder für den aktuellen Schadenfall, noch für frühere D&O-Fälle geleistet. Die weitere Entwicklung der Mangerhaftung bleibt damit abzuwarten. [40]

---

[38] Vgl. Olbrich, C. (2007), S. 243 ff.
[39] Vgl. Detering, M. (2012), S. 28-29.
[40] Vgl. http://www.ftd.de/unternehmen/versicherungen/:d-o-policen-weniger-schutz-fuer-manager/70027503.html, Stand 26.04.2012.

Es wird deutlich, dass Leitungsorgane von vielen Haftungsrisiken abhängig sind. Diese können nur durch ein gewissenhaftes Risikomanagement und einen entsprechenden Versicherungsschutz begrenzt werden. Vorstand, Aufsichtsrat oder Geschäftsführer sollten sich über diese besondere Lage im Klaren sein.[41]

---

[41] Vgl. Kalweit, R. u.a. (2008), S. 170.

Literaturverzeichnis

Damken, N. (2006): Corporate Governance in mittelständischen Kapitalgesellschaften, Diss., Oldenburg 2006

Detering, M. (2012): Bankmanager als Versicherungsrisiko, in: Handelsblatt, Berlin, 23.07.2012, Nr. 140, S. 28-29

Höpner, A. (2012): 8,5 Jahre Haft für den Banker, in: Handelsblatt, Berlin, 28.06.2012, Nr. 123, S. 55

Ingwersen, M. (2011): Die Stellung des Versicherungsnehmers bei Innenhaftungsfällen in der D&O-Versicherung, Diss., Karlsruhe 2011

Kalwait, R., Meyer, R. u.a. (2008): Risikomanagement in der Unternehmensführung, Weinheim 2008

Krieger, F. (2012): Weniger Schutz für Manager, URL: http://www.ftd.de/unternehmen/versicherungen/:d-o-policen-weniger-schutz-fuer-manager/70027503.html, Abruf am 26.04.2012

Krieger, G., Schneider, U. (2010): Handbuch Managerhaftung, 2. Auflage, Köln 2010

Olbrich, C. (2007): Die D&O-Versicherung, 2. Auflage, Karlsruhe 2007

Semler, J., Schenck, K. (2009): Arbeitshandbuch für Aufsichtsratsmitglieder, 3. Auflage, München 2009

Tauber, A. (2012): BayernLB zerrt die Ex.Chefs vors Gericht, URL: http://www.welt.de/regionales/muenchen/article106632337/BayernLB-zerrt-die-Ex-Chefs-vors-Gericht.html, Abruf am 30.06.2012

Thümmel, R. (2008): Persönliche Haftung von Managern und Aufsichtsräten, 4. Auflage, Stuttgart 2008